W0207878

ORATHAY SOUKSISAVANH
FOTOS VON CHARLOTTE LASCÈVE

# SUPER EINFACH

## KOCHEN MIT 3 - 6 ZUTATEN

# GEMÜSE

Librero

# Inhalt

## IM SCHMORTOPF



## IN DER PFANNE ODER IM WOK



## SALATE



## GEMÜSENUDELN

1

# Karotten, Rüben und Butternut-Kürbis

**In 20 Minuten vorbereitet**

**20 Minuten Kochzeit**

**Für 4 Personen**

Karotten
× 2

großer Lauch
× 1

Rüben
× 3

Speck
150 g

Butternut-Kürbis
200 g

Olivenöl
3 Esslöffel

- Das Gemüse schälen und in gleich große Stücke schneiden. Den Speck in Stücke schneiden.
- Öl in einem Topf erhitzen und den Speck goldgelb darin anbraten. Die Rüben, die Karotten und den Lauch hinzugeben. Würzen, zudecken und 10 Minuten ziehen lassen.
- Den Kürbis hinzugeben und mit 1 Liter Wasser aufgießen. 10 Minuten köcheln lassen. Den Gargrad prüfen und nach Geschmack würzen.

# Butternut-Kürbis und Mandeln

In 10 Minuten vorbereitet

25 Minuten Kochzeit

Für 4 Personen

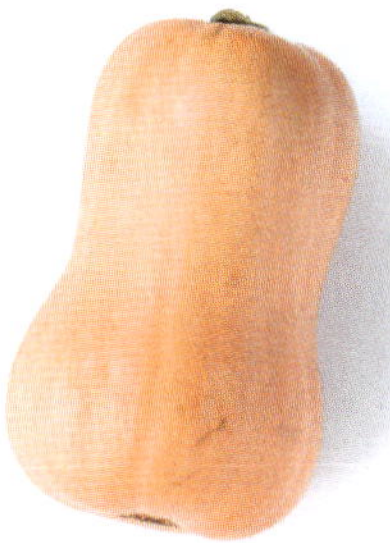

Butternut-Kürbis
750 g

große Zwiebel
× 1

Mandelmilch
75 cl

Koriander
einige Stiele

Olivenöl
3 Esslöffel

- Die Zwiebel in feine Scheiben schneiden. Den Kürbis schälen und in große Würfel schneiden.
- Das Öl in einem Topf erhitzen und das Gemüse 15 Minuten zugedeckt mit ½ Teelöffel Salz und etwas gemahlenem Pfeffer anschwitzen. Ab und zu umrühren.
- Die Mandelmilch hinzugeben. 10 Minuten köcheln lassen. Vor dem Mixen sicherstellen, dass der Kürbis durch ist. Probieren und nach Geschmack würzen. Mit Koriander servieren.

# Karotten, Kokos und Ingwer

**In 10 Minuten vorbereitet**

**30 Minuten Kochzeit**

**Für 4 Personen**

Karotten
× 7

Ingwer
80 g

Kokosmilch
70 cl

Olivenöl
3 Esslöffel

Kurkumapulver
1 Esslöffel

Kürbiskerne
3 Teelöffel

- Die Karotten und den Ingwer schälen und in feine Scheiben schneiden.
- Das Öl in einem Topf erhitzen, dann die Karotten und den Ingwer 20 Minuten zugedeckt anschwitzen, mit dem Kurkuma und ½ Teelöffel Salz würzen. Ab und zu umrühren.
- Die Kokosmilch und 30 cl Wasser hinzugeben. 10 Minuten köcheln lassen. Mixen. Probieren und nach Geschmack würzen. Mit Kürbiskernen und ein wenig Kokosmilch servieren.

# Erbsen und Minze

**In 5 Minuten vorbereitet**

**15 Minuten Kochzeit**

**Für 4 Personen**

Erbsen
600 g (TK)

große Zwiebel
× 1

Gemüsebrühe
× 1 Würfel

Olivenöl
2 Esslöffel

Büffelmozzarella
125 g

Minze
3-4 Stiele

- Die Zwiebel schälen und in feine Scheiben schneiden.
- Das Öl in einem Topf erhitzen und die Zwiebel 5 Minuten darin anschwitzen. Die Tiefkühlerbsen, den Brühwürfel und 75 cl Wasser hinzugeben. 10 Minuten leicht sieden lassen.
- Prüfen, ob die Erbsen durch sind. Von der Kochplatte nehmen, die Minze hinzugeben und mixen. Probieren und nach Geschmack würzen. Den Mozzarella vierteln 1 Viertel in jeden Suppenteller geben.

# Brokkoli, Ingwer und Sesam

**In 15 Minuten vorbereitet**

**10 Minuten Kochzeit**

**Für 4 Personen**

Brokkoli
750 g

Frühlingszwiebeln
× 5

Gemüsebrühe
× 1 Würfel

Olivenöl
2 Esslöffel

Ingwer
50 g

geröstete Sesamkörner
2 Esslöffel

- Den Brokkoli in Stücke schneiden, ein Röschen zurückbehalten. Die Zwiebeln in feine Scheiben schneiden und das Grün aufbewahren. Den Ingwer schälen und in feine Scheiben schneiden.
- Das Öl in einem Topf erhitzen und die Zwiebeln und den Ingwer 5 Minuten anschwitzen. Den Brokkoli, den Brühwürfel und 1 Liter Wasser hinzugeben. 5 Minuten leicht sieden lassen.
- Mixen. Mit Sesamkörnern, dem Grün der Frühlingszwiebeln und geraspeltem Brokkoli bestreuen.

# Zucchini und Rucola

Zucchini
700 g

große Zwiebel
× 1

Gemüsebrühe
× 1 Würfel

Olivenöl
2 Esslöffel

Rucola
100 g

St Môret®-Käse
150 g

**In 10 Minuten vorbereitet**

**10 Minuten Kochzeit**

**Für 4 Personen**

- Die Zwiebel und die Zucchini in feine Scheiben schneiden.
- Das Öl in einem Topf erhitzen und die Zwiebel 5 Minuten darin anschwitzen. Die Zucchini, den Brühwürfel und 75 cl Wasser hinzugeben. 5 Minuten köcheln lassen.
- Prüfen, ob die Zucchini durch sind. Von der Kochplatte nehmen, den Rucola und den St Môret® hinzufügen, mixen. Probieren und nach Geschmack würzen.

# Sämige Suppe mit gebackenem Blumenkohl

**In 15 Minuten vorbereitet**

**35 Minuten Kochzeit**

**Für 4 Personen**

großer Blumenkohl
× 1

große Zwiebel
× 1

Knoblauch
× 6 Zehen

Milch
60 cl

Olivenöl
6 Esslöffel

Gemüsebrühe
× 1 Würfel

- ○ Die Zwiebel in feine Scheiben, den Blumenkohl in Stücke schneiden.
- ○ Den Ofen auf 200 °C vorheizen. Das ganze Gemüse mit dem Öl mischen. Salzen und pfeffern. Auf einem Backblech ausbreiten und für 30 Minuten in den Ofen geben. Ab und zu wenden.
- ○ Die Haut vom Knoblauch abziehen. Das Ganze in einen Topf geben. Die Milch, 50 cl Wasser und den Brühwürfel hinzugeben. 5 Minuten leicht sieden lassen.
- ○ Mixen. Probieren und nach Geschmack würzen.

# Pastinake

**In 10 Minuten vorbereitet**

**30 Minuten Kochzeit**

**Für 4 Personen**

Pastinake
700 g

große Zwiebel
× 1

Olivenöl
3 Esslöffel

Thymian
3 Stiele

Gemüsebrühe
× 1 Würfel

Pastinakenchips
× 1 Packung

- Die Pastinake schälen und in Würfel schneiden. Die Zwiebel in feine Scheiben schneiden.
- Das Öl in einem Topf erhitzen und das Gemüse zugedeckt 15 Minuten anschwitzen. Würzen, ab und zu umrühren.
- 1,2 Liter Wasser, den Thymian und den Brühwürfel hinzugeben. 15 Minuten leicht sieden lassen.
- Mixen. Probieren und nach Geschmack würzen. Mit den Pastinakenchips und ein paar Thymianblättern bestreut servieren.

# Knollensellerie und Apfel

**In 15 Minuten vorbereitet**

**25 Minuten Kochzeit**

**Für 4 Personen**

Knollensellerie
600 g

kleine, rote Äpfel
× 2

große Zwiebel
× 1

Olivenöl
3 Esslöffel

Mandelmilch
75 cl

Nüsse
50 g

- Das Gemüse schälen. Die Zwiebel in feine Scheiben schneiden, den Knollensellerie in kleine Würfel schneiden. Die Nüsse hacken.
- Öl in einem Topf erhitzen und das Gemüse zugedeckt 15 Minuten darin anschwitzen. Würzen, ab und zu umrühren.
- Die Äpfel schälen und in Stücke schneiden. Zusammen mit der Mandelmilch in den Topf geben. 5-8 Minuten leicht sieden lassen. Gegebenenfalls etwas Wasser hinzugeben.
- Mixen. Mit den gehackten Nüssen servieren.

# Süßkartoffeln und Blauschimmelkäse

Süßkartoffeln
600 g

mittelgroßer Lauch
× 2

Blauschimmelkäse
150 g

Pekannüsse
40 g

Olivenöl
3 Esslöffel

Gemüsebrühe
× 1 Würfel

**In 10 Minuten vorbereitet**

**25 Minuten Kochzeit**

**Für 4 Personen**

- Die Süßkartoffeln schälen. Den Lauch in feine Scheiben schneiden, die Süßkartoffeln in Scheiben schneiden und halbieren.
- Öl in einem Topf erhitzen und das Gemüse zugedeckt 10 Minuten darin anschwitzen. Würzen, 1,2 Liter Wasser und den Brühwürfel hinzugeben. 15 Minuten sieden lassen.
- Prüfen, ob die Süßkartoffeln durch sind. Mixen und nach Geschmack würzen. Mit Blauschimmelkäse und gehackten Pekannüssen bestreut servieren.

# Maronen und Pilze

**In 5 Minuten vorbereitet**

**25 Minuten Kochzeit**

**Für 4 Personen**

Pilzmischung
500 g (TK)

Maronen aus dem Glas
400 g

großer Lauch
× 1

Geflügelbrühe
× 1 Würfel

Milch
70 cl

Olivenöl
3 Esslöffel

- Den Lauch waschen und in feine Scheiben schneiden.
- Das Öl in einem Topf erhitzen und den Lauch und die Pilze zugedeckt 15 Minuten darin anschwitzen. Würzen, ab und zu umrühren.
- Die Maronen, die Milch, 40 cl Wasser und den Brühwürfel hinzugeben. 10 Minuten sieden lassen. Mixen und nach Geschmack würzen.

# Sämige Suppe „Paris"

**In 20 Minuten vorbereitet**

**20 Minuten Kochzeit**

**Für 4 Personen**

frische Champignons
1 kg

große Zwiebel
× 1

Knoblauch
3 Zehen

Olivenöl
4 Esslöffel

Milch
50 cl

Schnittlauch
½ Bund

- Die Pilze säubern und in Viertel oder Sechstel schneiden. Die Zwiebel in feine Scheiben schneiden, den Knoblauch pressen.
- Das Öl in einem Topf erhitzen und alles Gemüse zugedeckt 15 Minuten darin anschwitzen. Würzen.
- Die Milch und 50 cl Wasser hinzugeben. 5 Minuten leicht sieden lassen. Mixen und nach Geschmack würzen. Mit fein geschnittenem Schnittlauch servieren.

13

# Mais und Cashewnüsse

**In 10 Minuten vorbereitet**

**20 Minuten Kochzeit**

**Für 4 Personen**

Maiskolben
× 4

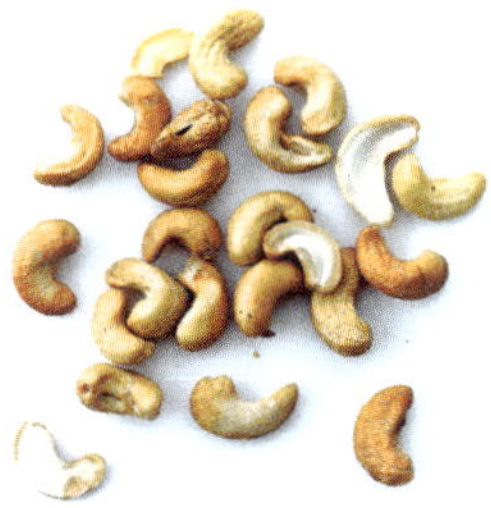

Cashewnüsse
125 g

Frühlingszwiebeln
× 5

Olivenöl
3 Esslöffel

Mandelmilch
25 cl

- Die Zwiebeln in feine Scheiben schneiden und das Grün aufbewahren. Den Strunk vom Maiskolben abschneiden und die Blätter entfernen. Einen Kolben auf ein Blech stellen und längs rundum alle Körner abschneiden.
- Das Öl in einem Topf erhitzen und den Mais und die Zwiebeln zugedeckt 10 Minuten darin anschwitzen. Würzen, die Cashewnüsse, 75 cl Wasser und die Mandelmilch hinzugeben. 10 Minuten leicht sieden lassen.
- Mixen. Mit dem in feine Scheiben geschnittenen Grün der Frühlingszwiebeln servieren.

# Korallenlinsen

In 5 Minuten vorbereitet

20 Minuten Kochzeit

Für 4 Personen

Korallenlinsen
250 g

Tomaten
× 2

Zwiebel
× 1

Kokosmilch
60 cl

Garam Masala
1 gehäufter Esslöffel

Koriander
½ Bund

- Die Zwiebel schälen und in feine Scheiben, die Tomaten in Würfel schneiden. In einen Topf geben. Die Linsen, das Garam Masala, die Kokosmilch und 40 cl Wasser hinzugeben. 15-20 Minuten leicht sieden lassen. Würzen, prüfen, ob die Linsen durch sind.
- Nach Bedarf etwas Wasser oder Kokosmilch hinzugeben. Von der Kochplatte nehmen, den fein geschnittenen Koriander hinzufügen.

# Ganzer Blumenkohl

**In 5 Minuten vorbereitet**

**1,5 h Backzeit**

**Für 4 Personen**

Blumenkohl
1 kg

Knoblauch
2 Zehen

Butter
150 g

Mandeln
60 g

Bio-Zitrone
× 1

glatte Petersilie
6 Stiele

- Den Ofen auf 180 °C vorheizen. Die Blätter und den Strunk vom Blumenkohl entfernen.
- Die Butter mit dem gepressten Knoblauch und 1 gestrichenen Teelöffel Salz verkneten. Den Blumenkohl mit Butter bestreichen. Auf ein Backblech setzen und 1 Stunde in den Ofen geben. Regelmäßig mit geschmolzener Butter begießen.
- Den Ofen auf 160 °C herunterdrehen und die gehackten Mandeln hinzugeben. Weitere 30 Minuten backen. In Scheiben schneiden, mit Zitronenzesten und gehackter Petersilie bestreuen.

# Würziger Blumenkohl

**In 5 Minuten vorbereitet**

**20 Minuten Backzeit**

**Für 4 Personen**

Blumenkohl
1 kg

Knoblauchpulver
1 Esslöffel

Olivenöl
4 Esslöffel

Kurkumapulver
1 Esslöffel

Paprikapulver
1 Esslöffel

- Den Blumenkohl in Röschen zerteilen. Die größeren Röschen halbieren oder vierteln.
- Den Ofen auf 220 °C vorheizen.
- In einer Schüssel alle Gewürze und den Knoblauch mischen. Den Blumenkohl hinzugeben, salzen, pfeffern und mit der Hand gut durchmischen, damit alle Röschen von der Gewürzmischung bedeckt sind. Auf einem Backblech flach ausbreiten und für 15-20 Minuten in den Ofen geben. Auf die Farbe achten. Den Blumenkohl von Zeit zu Zeit wenden.

# Ganzer Knollensellerie

In 5 Minuten vorbereitet

1 h 45 Min. Backzeit

Für 4 Personen

Knollensellerie
1 kg

gesalzene Butter
100 g

Olivenöl
5 Esslöffel

Thymian
6 Stiele

Nüsse
60 g

- Den Ofen auf 180 °C vorheizen. Den Sellerie vom Strunk befreien und schälen. Die Nüsse hacken.
- Die Butter durchkneten und den Knollensellerie damit bestreichen. Auf ein Backblech setzen. Das Öl über den Sellerie gießen und für 1 Stunde und 30 Minuten in den Ofen geben. Regelmäßig mit geschmolzener Butter übergießen.
- Den Ofen auf 160 °C herunterdrehen, die Nüsse und den Thymian hinzugeben. Weitere 15 Minuten backen. Weiterhin mit Butter begießen. In Scheiben geschnitten servieren.

# Chicorée, Blauschimmelkäse und Nüsse

In 5 Minuten vorbereitet

15 Minuten Kochzeit

Für 4 Personen

Chicorée
× 8

Blauschimmelkäse
150 g

Walnüsse
50 g

Olivenöl
4 Esslöffel

- Den Ofen auf 210 °C vorheizen.
- Den Chicorée waschen und halbieren. In einer Schüssel von Hand mit dem Öl vermischen. Leicht salzen. Flach auf ein Backblech geben. Für 15 Minuten in den Ofen geben.
- Den Blauschimmelkäse über dem heißen Chicorée zerkrümeln. Die grob gehackten Nüsse darüberstreuen.

# Rosenkohl und Zucchini

**In 20 Minuten vorbereitet**

**40 Minuten Backzeit**

**Für 4 Personen**

Rosenkohl
600 g

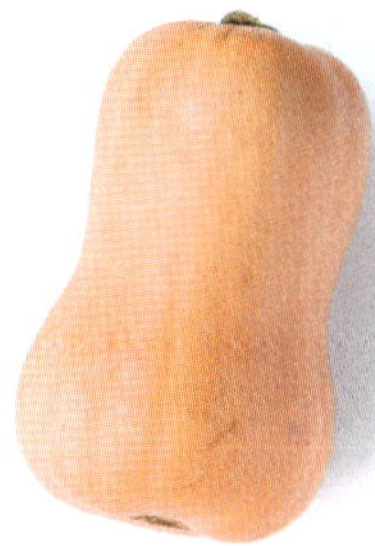

Butternut-Kürbis
600 g

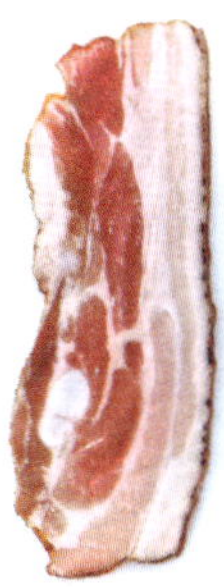

Speck
150 g

Cranberrys
50 g

Zwiebeln
× 2

Olivenöl
4 Esslöffel

- Den Ofen auf 200 °C vorheizen.
- Die Strünke vom Rosenkohl entfernen. Die Zwiebeln schälen. Den Rosenkohl halbieren, die Zucchini in Stücke schneiden. Die Zwiebeln in 6 Stücke, den Speck in Würfel schneiden.
- Den Kohl, die Zucchini und die Zwiebeln mit dem Öl vermischen. Salzen, pfeffern und auf ein Backblech geben. Für 20 Minuten in den Ofen geben. Das Gemüse wenden, den Speck hinzugeben und weitere 20 MInuten backen. Vor dem Servieren mit Cranberrys bestreuen.

# Karotten, Honig und Orange

**In 15 Minuten vorbereitet**

**45 Minuten Backzeit**

**Für 4 Personen**

Karotten mit Kraut
× 1 Bund

Orangen
× 2

Honig
2 Esslöffel

Olivenöl
4 Teelöffel

Quatre-épices
1 gehäufter Teelöffel

- Den Ofen auf 180 °C vorheizen.
- Die Karotten schälen, falls es keine Bio-Karotten sind. Die Orange ganz schälen und in Scheiben schneiden.
- In einer Schüssel die Gewürze, den Honig und das Olivenöl mischen. Salzen, pfeffern und die Karotten hinzugeben. Gut umrühren, damit sie ganz mit den Gewürzen bedeckt sind.
- Auf einem Backblech verteilen und für 45 Minuten in den Ofen geben. Das Gemüse von Zeit zu Zeit wenden.

# Wintergemüse

**In 15 Minuten vorbereitet**

**40 Minuten Backzeit**

**Für 4 Personen**

große Pastinaken
× 2

mittelgroßer Hokkaido-Kürbis × 1

mittelgroßer Knollensellerie
× 1

Olivenöl
4 Esslöffel

geriebene Muskatnuss
1 Teelöffel

- Den Ofen auf 210 °C vorheizen.
- Das Gemüse schälen, bis auf den Kürbis. In gleich große Stücke schneiden. In einer Schüssel mit dem Olivenöl und der geraspelten Muskatnuss mischen. Salzen und pfeffern.
- Das Gemüse auf ein Backblech geben, sodass es möglichst nicht übereinander liegt. Für 40 Minuten in den Ofen geben und von Zeit zu Zeit wenden.

# Pastinaken, Mandeln und Chorizo

**In 15 Minuten vorbereitet**

**35 Minuten Backzeit**

**Für 4 Personen**

mittelgroße Pastinaken
× 8

Chorizo
100 g

Mandeln
60 g

Olivenöl
3 Esslöffel

Thymian
6 Stiele

- Den Ofen auf 200 °C vorheizen.
- Die Pastinaken schälen und der Länge nach durchschneiden. Die Chorizo in Scheiben mit 0,5 cm Dicke schneiden. Die Mandeln hacken.
- Die Pastinaken in einer Schüssel mit dem Öl mischen. Salzen und pfeffern. Flach auf ein Backblech geben, mit der Schnittseite nach unten. Für 30 Minuten in den Ofen geben. Den Thymian, die Chorizo und die Mandeln hinzufügen und weitere 5-8 Minuten backen.

# Lauch, Honig und Feta

**In 10 Minuten vorbereitet**

**25 Minuten Backzeit**

**Für 4 Personen**

sehr großer Lauch
× 4

Pinienkerne
30 g

Honig
2 Esslöffel

Thymian
4 Stiele

Olivenöl
4 Esslöffel

Feta
125 g

- Den Ofen auf 200 °C vorheizen.
- Das Weiße vom Lauch abschneiden und den Lauch der Länge nach halbieren. Den Honig mit dem Olivenöl mischen. Salzen und pfeffern.
- Den Lauch auf ein Backblech geben und mit Öl und Honig bepinseln. Für 20 Minuten in den Ofen geben. Auf die Farbe achten: Das Gemüse soll einen homogenen Gargrad erhalten. Die Pinienkerne und die Thymianblätter hinzugeben und weitere 5 Minuten backen.
- Den Feta auf dem noch heißen Lauch zerbröseln.

# Wirsing, Knoblauch und Speck

**In 10 Minuten vorbereitet**

**15 Minuten Backzeit**

**Für 4 Personen**

Wirsing
× 1

Speck
6 Scheiben

Knoblauch
3 Zehen

Olivenöl
2 Esslöffel

- Den Ofen auf 210 °C vorheizen.
- Den Knoblauch pressen und mit dem Öl mischen. Den Wirsing vierteln. Die Speckscheiben in 2 oder 3 Stücke schneiden.
- Das Öl und den Knoblauch zwischen den Kohlblättern verteilen. Die Speckstücke hineinschieben. Pfeffern. Für 15-20 Minuten in den Ofen geben, auf den Gargrad achten und den Wirsing von Zeit zu Zeit wenden.

*Möglichst einen weichen Wirsing wählen.*

# Fenchel, Karotten und Zitrone

Fenchel
× 4

Karotten mit Kraut
1 kleiner Bund

rote Zwiebeln
× 2

Olivenöl
5 Esslöffel

Zitronen
× 2

Oliven
200 g

**In 15 Minuten vorbereitet**

**45 Minuten Backzeit**

**Für 4 -6 Personen**

- Den Ofen auf 220 °C vorheizen.
- Das Gemüse schälen. Den Fenchel vierteln, die Zwiebeln in 6 Stücke, die Zitronen in dicke Scheiben schneiden.
- Alles Gemüse in einer Schüssel mit dem Öl mischen. Salzen und pfeffern. Flach auf ein Backblech verteilt für 30 Minuten in den Ofen geben. Das Gemüse wenden, die Oliven hinzugeben und weitere 15 Minuten backen.

# Mangold, Tomaten und Ziegenkäse

**In 10 Minuten vorbereitet**

**20 Minuten Backzeit**

**Für 4 Personen**

Mangold
1 Bund

Kirschtomaten
200 g

Knoblauch
3 Zehen

Rosinen
30 g



Ziegenfrischkäse
100 g

Olivenöl
3 Esslöffel

- Den Ofen auf 220 °C vorheizen.
- Den Mangold waschen. Das Weiße in feine Scheiben, das Grüne in 2 oder 3 Stücke schneiden. Die Tomaten halbieren. Alles mit dem gepressten Knoblauch und dem Öl in eine Schüssel geben, mischen und würzen.
- Auf einem Blech ausbreiten. Für 10 Minuten in den Ofen geben. Das Gemüse wenden und den zerbröselten Ziegenkäse hinzugeben. Für weitere 10 Minuten in den Ofen geben. Mit Rosinen bestreuen.

STAUB
STAUB

# Ofenbohnen

**In 5 Minuten vorbereitet (+ Einweichdauer)**

**1 h 45 Min. Backzeit**

**Für 4 Personen**

getrocknete, weiße Bohnen 500 g

Knoblauch
1 Knolle

Speck
150 g

Lorbeer
3 Blätter

Thymian
4 Stiele

Geflügelbrühe
× 1 Würfel

- Die Bohnen am Vorabend in Wasser einweichen.
- Den Ofen auf 210 °C vorheizen. Die Bohnen abgießen und auf ein Backblech geben. Die halbierte Knoblauchknolle, den Thymian, den Lorbeer und die Speckscheiben darübergeben.
- Den Brühwürfel in 1 Liter warmem Wasser auflösen und über die Bohnen geben. Mit Alufolie abdecken und für 1 h 45 Min. in den Ofen geben. Den Flüssigkeitsstand im Auge behalten. Vor dem Servieren pfeffern.

# Gefüllte Champignons

In 20 Minuten vorbereitet

20 Minuten Backzeit

Für 4 Personen

frische, mittelgroße Champignons × 20

Nüsse
60 g

Parmesan
60 g

glatte Petersilie
6 Bund

Knoblauch
2 Zehen

Olivenöl
4 Esslöffel

- Den Ofen auf 200 °C vorheizen.
- Die Champignons putzen und die Stiele entfernen. Für die Füllung die Nüsse grob hacken, den Knoblauch pressen und die Petersilie hacken. Alles mit dem Olivenöl und dem geriebenen Parmesan vermischen. Großzügig pfeffern.
- Die Champignons auf ein Backblech legen, leicht salzen und die Aushöhlung mit der Farce füllen. 20 Minuten in den Ofen geben und dabei auf die Farbe achten.

# Aubergine, Pinienkerne und Feta

**In 15 Minuten vorbereitet**

**25 Minuten Backzeit**

**Für 4 Personen**

Auberginen
× 3

Pinienkerne
30 g

Cranberrys
50 g

glatte Petersilie
5 Stiele

Feta
60 g

Olivenöl
8 Esslöffel

- Den Ofen auf 220 °C vorheizen.
- Die Auberginen waschen und in Scheiben von 0,5 cm Dicke schneiden. Salzen und 15 Minuten entwässern lassen.
- Die Auberginen in einer Schüssel mit dem Öl mischen und pfeffern. Auf einem Backblech ausbreiten und für 20 Minuten in den Ofen geben. Nach der Hälfte der Backzeit wenden. Die Pinienkerne hinzufügen und weitere 5 Minuten backen.
- Mit Feta, Cranberrys und gehackter Petersilie bestreut servieren.

# Tomaten Provençale

In 15 Minuten vorbereitet

25 Minuten Backzeit

Für 4 Personen

Tomaten
× 6

Paniermehl
40 g

Knoblauch
3 Zehen

glatte Petersilie
6 Stiele

Thymian
4 Stiele

Olivenöl
4 Esslöffel

- Den Ofen auf 200 °C vorheizen.
- Den Knoblauch und die Petersilie hacken. Mit dem Paniermehl, den Thymianblättern und dem Olivenöl mischen. Salzen und großzügig pfeffern.
- Die Tomaten waschen und halbieren. Auf ein Backblech legen, mit der Schnittseite nach oben. Würzen und dann das Paniermehl mit den Kräutern über die Tomaten geben. Für 20–25 Minuten in den Ofen geben. Auf die Farbe achten.

# Ofenratatouille

**In 15 Minuten vorbereitet**

**40 Minuten Backzeit**

**Für 4 Personen**

Tomaten
× 3

Zucchini
× 2

Aubergine
× 1

Knoblauch
4 Zehen

Paprika
× 2

Olivenöl
5 Esslöffel

- Den Ofen auf 210 °C vorheizen. Das Gemüse in gleich große Stücke schneiden. Die Auberginen salzen und 15 Minuten entwässern lassen.
- In einer Schüssel mit dem Olivenöl und dem gepressten Knoblauch mischen. Salzen und pfeffern.
- Alles auf ein Backblech verteilen, sodass es möglichst nicht übereinander liegt. Für 40 Minuten in den Ofen geben und von Zeit zu Zeit wenden.

STAUB
STAUB

# Tian

Tomaten
× 3

Zucchini
× 2

Aubergine
× 1

Thymian
4 Stiele

Zwiebel
× 1

Olivenöl
5 Esslöffel

**In 30 Minuten vorbereitet**

**55 Minuten Backzeit**

**Für 4 Personen**

- Den Ofen auf 190 °C vorheizen.
- Das Gemüse in dünne Scheiben schneiden. Die schönsten Scheiben zurückbehalten, den Rest in Würfel schneiden. Die Zwiebel in feine Scheiben schneiden.
- Die Zwiebel und das Gemüse 20 Minuten anschwitzen. Würzen. In eine Gratinform geben. Die Gemüsescheiben abwechselnd schichten. Würzen, mit dem restlichen Olivenöl bepinseln, mit Thymian bestreuen und für 35 Minuten in den Ofen geben.

# Zucchini, Schinken und Käse

In 10 Minuten vorbereitet

35 Minuten Backzeit

Für 4 Personen

Zucchini
× 4

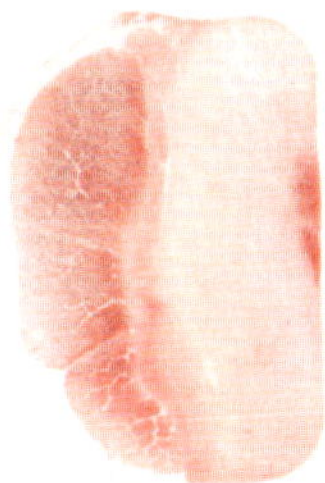

Kochschinken
4 Scheiben

geriebener Comté-Käse
150 g

Sahne
15 cl

Ei
× 1

- Die Zucchini in dünne Scheiben schneiden. In einem Behälter mit Deckel 5 Minuten in der Mikrowelle garen. Abgießen, abtropfen lassen.
- Den Ofen auf 190 °C vorheizen.
- Die Sahne, das Ei und den Comté-Käse mischen. Großzügig würzen. Die Zucchini hinzugeben. Die Schinkenscheiben übereinanderlegen und in Streifen schneiden. Die Zucchini abwechselnd mit dem Schinken in der Form aufschichten. Mit der Sahne übergießen. Für 30 Minuten in den Ofen geben.

# Grünes Gemüse und Quinoa

Spinat
150 g (TK)

Brokkoli
× 1 kleiner

kleine Zucchini
× 1

Sahne
10 cl

gekochtes Quinoa
200 g (roh 100 g)

Parmesan
80 g

**In 15 Minuten vorbereitet**

**35 Minuten Backzeit**

**Für 4 Personen**

- Den Spinat auftauen. Mit den Händen auspressen, um das Wasser zu entfernen. Quinoa nach Anweisungen auf der Packung kochen. Spülen, abgießen.
- Den Ofen auf 180 °C vorheizen.
- Das Gemüse waschen, die Zucchini in große Würfel schneiden und den Brokkoli in halbe Röschen zerteilen.
- Die Sahne, den geriebenen Parmesan, das Quinoa und alles Gemüse in einer Schüssel mischen. Ein wenig salzen und gut pfeffern. Auf einem Backblech ausbreiten und für 35 Minuten in den Ofen geben.

# Parmigiana

Auberginen
× 2

Tomatenpüree
500 g (Dose)

Knoblauch
3 Zehen

Basilikum
4 Stiele

Mozzarella
125 g

Olivenöl
5 Esslöffel

**In 15 Minuten vorbereitet**

**40 Minuten Backzeit**

**Für 4 Personen**

- Den Ofen auf 210 °C vorheizen.
- Die Auberginen halbieren, großzügig salzen und 15 Minuten entwässern lassen. Ausdrücken.
- Das Tomatenpüree mit dem gepressten Knoblauch mischen. Würzen, 2 Esslöffel Öl hinzugeben und auf einem Blech verteilen. Die Auberginen daraufgeben, mit dem restlichen Öl einstreichen. Für 30 Minuten in den Ofen geben. Die Auberginen mit der Tomatensauce überziehen, pfeffern und den Mozzarella darauflegen. Für weitere 10 Minuten in den Ofen geben. Mit dem Basilikum garniert servieren.

# Spinat und Ziegenkäse

In 10 Minuten vorbereitet

35 Minuten Backzeit

Für 4 Personen

Blattspinat
500 g (TK)

Ziegenfrischkäse
150 g

Knoblauch
2 Zehen

Sahne
25 cl

Eier
× 2

geriebene Muskatnuss
1 Teelöffel

- Den Spinat auftauen. Mit den Händen auspressen, um das Wasser zu entfernen.
- Den Ofen auf 180 °C vorheizen.
- Eier, Sahne, Muskatnuss und den gepressten Knoblauch in einer Schüssel mischen. Großzügig würzen. Den Spinat und den Ziegenfrischkäse hinzugeben. Mischen und in einer Gratinform für 30-35 Minuten in den Ofen geben.

# Butternut-Kürbis, Nüsse und Blauschimmelkäse

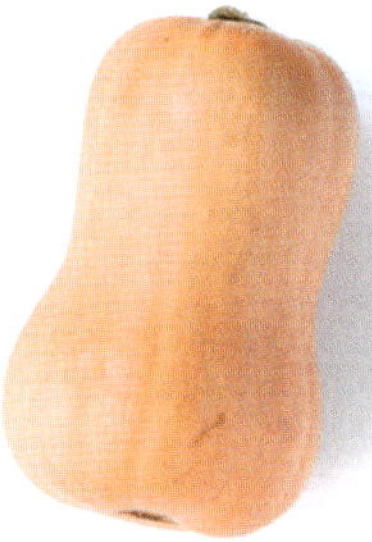

mittelgroßer Butternut-Kürbis × 1

Zwiebel × 1

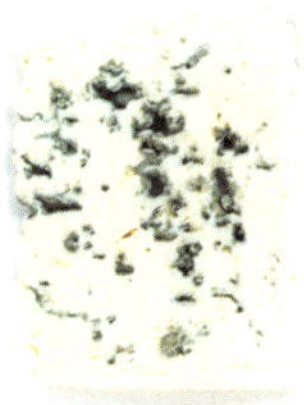

Blauschimmelkäse 125 g

Olivenöl 4 Esslöffel

Walnüsse 40 g

**In 15 Minuten vorbereitet**

**45 Minuten Backzeit**

**Für 4 Personen**

- Den Ofen auf 200 °C vorheizen.
- Den Kürbis der Länge nach durchschneiden. In der Mitte aushöhlen. Würzen, 2 Esslöffel Öl darübergießen. Für 30 Minuten in den Ofen geben.
- Die Zwiebel in feine Scheiben schneiden, mit dem restlichen Öl in einer Pfanne goldgelb anrösten. Das Kürbisfleisch in Würfel schneiden. Alles mit den Nüssen und dem Blauschimmelkäse mischen. Würzen.
- Den Kürbis füllen und 15 Minuten backen lassen.

# Eintopf

**In 15 Minuten vorbereitet**

**45 Minuten Kochzeit**

**Für 4 Personen**

kleiner Wirsing
× 1

Karotten
× 2

Rüben
× 4

grobe Wurst
× 1

großer Lauch
× 1

weiße Bohnen (TK)
450 g

- Das Gemüse schälen. Den Kohl vierteln, das andere Gemüse abhängig von der Größe halbieren oder vierteln.
- Den Kohl, die Bohnen, die Rüben, die Karotten und die Wurst in einen Topf geben. Aufkochen lassen. Würzen und bei kleiner Hitze 30 Minuten ziehen lassen.
- Den Lauch hinzugeben und weitere 15 Minuten kochen.
- Die Wurst vor dem Servieren in Scheiben schneiden.

# Chicorée, Orange und Thymian

**In 5 Minuten vorbereitet**

**10 Minuten Kochzeit**

**Für 4 Personen**

Chicorée
× 6

Orangen
× 2

Olivenöl
2 Esslöffel

Thymian
4 Stiele

- Den Chicorée waschen und der Länge nach durchschneiden. Die Orangen pressen.
- Das Öl in einem Topf oder in einem Bräter erhitzen, den Chicorée mit der Schnittseite nach unten hineingeben. 20 Sekunden goldgelb anbraten, dann drei Viertel des Orangensafts hinzugeben. Würzen, den Thymian hineingeben. Vollständig reduzieren lassen.
- Den Chicorée umdrehen und den restlichen Saft dazugießen. Ziehen lassen, bis der Saft reduziert ist.

# Fenchel und Balsamico

Fenchel
4 Knollen

Balsamico-Essig
1 großer Esslöffel

Olivenöl
2 Esslöffel

**In 5 Minuten vorbereitet**

**10-15 Minuten Kochzeit**

**Für 4 Personen**

- Den Fenchel putzen, abhängig von der Größe in 4 oder 6 Teile schneiden.
- Das Öl in einem Topf erhitzen. Den Fenchel darin goldgelb anbraten. Würzen, 5 cl Wasser hinzugießen und zugedeckt garen, bis das Wasser verdampft ist.
- Mit Essig ablöschen. Leicht karamellisieren lassen.

# Karotten und Erbsen

**In 8 Minuten vorbereitet**

**7 Minuten Kochzeit**

**Für 4 Personen**

Karotten mit Kraut
× 6

Frühlingszwiebeln
× 6

Erbsen
400 g (TK oder frisch)

Rohrzucker
½ Teelöffel

Butter
40 g

○ Die Karotten schälen und in Scheiben schneiden. Die Zwiebelknollen halbieren. Das Grüne aufbewahren.

○ Die Butter in einem Topf schmelzen, die Zwiebeln und die Karotten hinzufügen. Würzen, den Rohrzucker hinzufügen und 5 Minuten zugedeckt garen. Die Erbsen hinzufügen und noch 1 Minute zugedeckt ziehen lassen.

*Bei frischen Erbsen diese bereits zu Beginn mit dem anderen Gemüse hinzufügen. Etwas Wasser hinzugießen und zugedeckt 10 Minuten garen.*

# Frühlingsgemüse

**In 15 Minuten vorbereitet**

**15 Minuten Kochzeit**

**Für 4 Personen**

grüner Spargel
1 Bund

Karotten mit Kraut
× 6

Rüben mit Kraut
× 6

Frühstücksspeck
100 g

Frühlingszwiebeln
× 5

Rohrzucker
½ Teelöffel

- Das Gemüse schälen. Halbieren oder vierteln. Den Spargel vom harten Stiel befreien und dann halbieren.
- 3 Esslöffel Öl in einem Topf erhitzen. Die Zwiebeln und den Speck darin anbräunen, herausnehmen.
- Die Rüben und die Karotten mit dem Rohrzucker bestreuen. 5 cl Wasser darübergießen, würzen. 5 Minuten abgedeckt garen lassen, dann die anderen Zutaten hinzufügen. 5-8 Minuten zugedeckt garen. Gelegentlich umrühren.

STAUB
STAUB

# Hokkaido-Kürbis und Linsen

**In 5 Minuten vorbereitet**

**10 Minuten Kochzeit**

**Für 4 Personen**

kleiner Hokkaido-Kürbis
× 1

Spinat
200 g

Korallenlinsen
150 g

große Zwiebel
× 1

Kokosmilch
50 cl

Currypulver
2 Esslöffel

- Das Gemüse waschen. Den Hokkaido-Kürbis in Streifen schneiden, die Zwiebel in feine Scheiben schneiden.
- In einem Topf die Kokosmilch, das Currypulver, die Zwiebel und den Kürbis zum Kochen bringen. Würzen. 4 Minuten zugedeckt garen.
- Die Linsen hinzufügen, nach 6 Minuten den Gargrad prüfen, dann den Spinat hinzufügen und 1 Minute fertiggaren.

STAUB
STAUB

44

# Prinzessbohnen, Tomate und Speck

Prinzessbohnen
500 g

Tomatenpüree
400 g (Dose)

Zwiebel
× 1

Olivenöl
2 Esslöffel

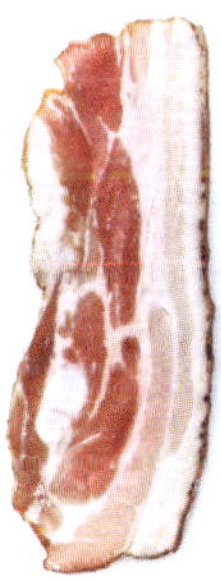

Frühstücksspeck
150 g

Thymian
4 Stiele

**In 10 Minuten vorbereitet**

**25 Minuten Kochzeit**

**Für 4 Personen**

- Die Zwiebel in feine Scheiben schneiden. Die Bohnen in Drittel schneiden. Den Frühstücksspeck in Streifen schneiden.
- Das Öl in einem Topf erhitzen. Die Zwiebel und den Speck 5 Minuten darin anschwitzen. Das Tomatenpüree, 5 cl Wasser, den Thymian und die Prinzessbohnen hinzufügen. Würzen. 20 Minuten zugedeckt garen. Probieren, um den Gargrad zu prüfen, dann abschmecken. Gegebenenfalls offen weitergaren

# Zucchini, Rosinen und Minze

Zucchini
× 3

Rosinen
40 g

Apfelweinessig
3 Esslöffel

Olivenöl
3 Teelöffel

Rohrzucker
1 Esslöffel

Minze
5 Stiele

**In 5 Minuten vorbereitet**

**5 Minuten Kochzeit**

**Für 4 Personen**

- Die Rosinen, den Rohrzucker und den Essig mischen.
- Die Zucchini in mittelstarke Scheiben schneiden.
- Öl in eine Pfanne geben und die Zucchini bei starker Hitze goldgelb anbraten. Würzen, den Essig über die Rosinen gießen. Die fein geschnittene Minze hinzufügen.

# Champignon-Pfanne

In 7 Minuten vorbereitet

8 Minuten Kochzeit

Für 4 Personen

frische Champignons
500 g

Schalotte
× 1

Knoblauch
3 Zehen

glatte Petersilie
5 Stiele

Olivenöl
4 Esslöffel

- Die Champignons putzen. Abhängig von der Größe in 4 oder 6 Teile schneiden. Die Schalotte in feine Scheiben schneiden, den Knoblauch und die Petersilie hacken.
- Öl in einer Pfanne erhitzen. Die Champignons dazugeben, pfeffern. Nach 30 Sekunden umrühren und die Schalotte und den Knoblauch hinzugeben. Garen, bis die Champignons Farbe angenommen haben.
- Von der Kochplatte nehmen, probieren und nach Geschmack würzen.

# Zucchini- und Tomatenpfanne

Zucchini
× 3

Kirschtomaten
200 g

Knoblauch
3 Zehen

Olivenöl
3 Esslöffel

Balsamico-Essig
2 Esslöffel

Basilikum
5 Stiele

**In 10 Minuten vorbereitet**

**5 Minuten Kochzeit**

**Für 4 Personen**

- Die Zucchini halbieren und schräg in Scheiben schneiden. Den Knoblauch hacken, die Tomaten halbieren, dann pressen, um den Saft und die Körner zu erhalten.
- Öl in eine Pfanne geben und die Zucchini bei starker Hitze darin anbraten. Die Tomaten und den Knoblauch hinzufügen. Würzen.
- Wenn die Zucchini Farbe angenommen haben, mit Essig ablöschen. Einreduzieren lassen. Von der Kochplatte nehmen, das gehackte Basilikum hinzufügen.

# Piperade

Paprika
× 3

Zwiebel
× 1

Knoblauch
3 Zehen

Olivenöl
4 Esslöffel

Tomaten
× 3

Eier
× 6

**In 15 Minuten vorbereitet**

**35 Minuten Kochzeit**

**Für 4 Personen**

- Die Zwiebel in feine Scheiben, die Paprika in Streifen und die Tomaten in Würfel schneiden. Den Knoblauch pressen.
- Öl in einer Pfanne erhitzen. Die Zwiebel 10 Minuten anschwitzen. Die Paprika hinzufügen und weitere 10 Minuten garen. Die Tomaten hinzufügen und weitere 15 Minuten garen. Probieren und nach Geschmack würzen. Die Eier hinzufügen und unter Rühren 1 Minute ziehen lassen.

# Reis mit gebratenem Blumenkohl

**In 10 Minuten vorbereitet**

**6 Minuten Kochzeit**

**Für 4 Personen**

Blumenkohl
× 1

Frühlingszwiebeln
× 5

Karotte
× 1

Pflanzenöl
3 Esslöffel

Erbsen
150 g (TK)

Sojasauce
3 Esslöffel

- Die Zwiebeln in feine Scheiben schneiden und das Grün aufbewahren. Die Karotte in Würfel schneiden. Den Blumenkohl nicht zu fein mixen, um eine mittlere Granularität zu erhalten.
- Das Öl in einem Topf erhitzen und die Zwiebeln und die Karotte 1 Minute darin anschwitzen. Den Blumenkohl und die Sojasauce hinzugeben. Pfeffern. 4 Minuten unter Rühren garen.
- Die Erbsen hinzufügen und noch 1 Minute ziehen lassen. Probieren und nach Geschmack würzen. Mit dem fein geschnittenen Grün der Frühlingszwiebeln bestreuen.

# Chinakohl mit Champignons

In 10 Minuten vorbereitet

6 Minuten Kochzeit

Für 4 Personen

Chinakohl
6 Blätter

frische Champignons
× 6 große

Süßkartoffel
× ½

Pflanzenöl
3 Esslöffel

Knoblauch
3 Zehen

Sojasauce
2 Esslöffel

- Den Knoblauch in feine Scheiben schneiden. Den Kohl in gleich große Stücke schneiden, die Champignons vierteln, die Süßkartoffel in nicht zu große Würfel schneiden.
- Öl in einem Wok erhitzen. Die Champignons, den Knoblauch und die Süßkartoffel 5 Minuten unter Rühren auf mittlerer Hitze anschwitzen. Salzen und pfeffern.
- Den Kohl und die Sojasauce hinzufügen, nach 1 Minute den Gargrad prüfen.

# Karotten und Brokkoli

**In 7 Minuten vorbereitet**

**3 Minuten Kochzeit**

**Für 4 Personen**

Zucchini
× 1

Karotte
× 1

kleiner Kopf Brokkoli
× 1

Pflanzenöl
2 Esslöffel

Knoblauch
3 Zehen

Sojasauce
2 Esslöffel

- Den Knoblauch in feine Scheiben schneiden. Die Karotte und die Zucchini halbieren und in schräge Scheiben schneiden. Den Brokkoli in Röschen zerteilen, diese je nach Größe halbieren oder vierteln.
- Öl in einem Wok erhitzen. Die Karotte, den Brokkoli und den Knoblauch 2 Minuten unter Rühren hinzugeben. Salzen und pfeffern.
- Die Zucchini und die Sojasauce hinzugeben. 1 Minuten unter Rühren garen. Das Gemüse soll knackig sein.

# Spinat, Miso und Sesam

In 15 Minuten vorbereitet

1 Minute Kochzeit

Für 4 Personen

Spinat
500 g

Miso
1 Esslöffel

gezuckerte Sojasauce
2 Esslöffel

geröstete Sesamkörner
1 Teelöffel

Sesamöl
2 Esslöffel

- Den Spinat waschen, die harten Enden abschneiden.
- Miso, Sojasauce und Sesamöl mischen. Wasser in einem Topf zum Kochen bringen. Den Spinat eine knappe Minute hineingeben. Abgießen, warm mit der Sauce mischen. Die Sesamkörner darüberstreuen.
- Mit Reis, Quinoa, Grieß, gegrilltem Fisch oder Fleisch servieren.

# Karotte, Harissa und Kreuzkümmel

**In 10 Minuten vorbereitet**

**10 Minuten Kochzeit**

**Für 4 Personen**

große Karotten
× 6

Harissa
1 Esslöffel

gemahlener Kümmel
1 Esslöffel

Koriander
½ Bund

Olivenöl
2 Esslöffel

Zitrone
× ½

- Die Gewürze mit dem Öl und der Hälfte des Zitronensafts mischen.
- Die Karotten schälen und in Scheiben schneiden. 10 Minuten im Dampf garen. Den Gargrad prüfen. Warm in die Sauce geben. Salzen, umrühren, probieren und nach Geschmack würzen.
- Wenn die Karotten abgekühlt sind, Koriander hinzufügen.

# Grillgemüse mit Couscous

Grillgemüse
600 g (TK)

Kirschtomaten
200 g

Grieß
200 g

Minze
1 Bund

Zitrone
× 1

Olivenöl
5 Esslöffel

**In 5 Minuten vorbereitet**

**15 Minuten Backzeit**

**Für 4 Personen**

- Den Ofen auf 220 °C vorheizen.
- Das Tiefkühlgemüse auf einem Blech verteilen. Die Hälfte des Öls darübergießen und 15 Minuten in den Ofen geben.
- Die Haut von der Paprika abziehen. Das Gemüse in gleich große Stücke schneiden. Die Tomaten vierteln, die Minze hacken.
- Den Grieß mit kochendem Wasser aufquellen lassen. 30 Sekunden in der Mikrowelle garen.
- Das Gemüse mit dem Grieß vermischen. Die geviertelten Tomaten, die gehackte Minze, das Öl und den Zitronensaft hinzufügen. Würzen.

# Taboulé mit Blumenkohl und Ananas

**In 15 Minuten vorbereitet**

**Ohne Kochen**

**Für 4 Personen**

kleiner Blumenkohl
× 1

Ananas
× ½

Gurke
× ½

Zitrone
× ½

Minze
½ Bund

Olivenöl
3 Esslöffel

- Die Ananas und die Gurke in kleine Würfel schneiden. Den Blumenkohl abspülen, die Röschen abzupfen und mit der Küchenmaschine mischen, um eine sämige Konsistenz zu erhalten.
- Alle Zutaten zusammenmischen. Zitronensaft und gehackte Minze hinzufügen, salzen und pfeffern. Probieren und nach Geschmack würzen.

# Karotten, Quinoa und Feige

Karotten mit Kraut
× 6

Quinoa
150 g

getrocknete Feigen
× 2

Koriander
½ Bund

Zitrone
× ½

Olivenöl
2 Esslöffel

**In 10 Minuten vorbereitet**

**10 Minuten Kochzeit**

**Für 4 Personen**

- Das Quinoa nach den Anweisungen auf der Packung kochen. Spülen, abgießen.
- Die Feigen in Würfel schneiden. Öl und Zitrone mischen, salzen und pfeffern.
- Die Karotten schälen, dann mit einem Sparschäler feine Streifen daraus schneiden.
- Das kalte Quinoa mit den Karotten, den Feigen und dem Koriander mischen. Die Sauce darübergießen, mischen. Probieren und nach Bedarf abschmecken.

# Quinoa, Zucchini und Spinat

**In 10 Minuten vorbereitet**

**10 Minuten Kochzeit**

**Für 4 Personen**

Zucchini
× 1

reife Avocado
× 1

Quinoa
150 g

Limette
× 1

Blattspinat
125 g

Olivenöl
3 Esslöffel

- Das Quinoa nach den Anweisungen auf der Packung kochen. Spülen, abgießen.
- Die Zucchini in sehr feine Streifen, die Avocado in Würfel schneiden. Mit dem Quinoa mischen.
- Den Spinat hinzugeben. Öl darüber gießen, Zesten von der Limette schaben. Die Hälfte des Safts hinzugeben. Salzen und pfeffern.
- Abschmecken, nach Bedarf den restlichen Zitronensaft hinzugeben.

*Gegebenenfalls gehackte Mandeln daruntermengen.*

# Kohl und Kartoffeln

In 15 Minuten vorbereitet

30 Minuten Kochzeit

Für 4 -6 Personen

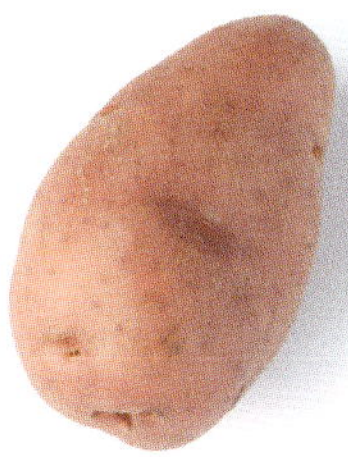

Kartoffeln „Roseval"
1 kg

Rotkohl
× ¼

Dill
½ Bund

Himbeeressig
3 Esslöffel

körniger Senf
1 großer Esslöffel

Rapsöl
4 Teelöffel

- Die Kartoffeln 20-30 Minuten kochen. Wenn sie gar sind, schälen und abkühlen lassen.
- Den Kohl in feine Scheiben schneiden. Essig, Senf und Öl mischen. Den Kohl und den gehackten Dill hinzugeben. Würzen.
- Die Kartoffeln in 0,5 cm dicke Scheiben schneiden und mit dem Salat vermischen. Probieren und nach Geschmack würzen.

# Nizza-Salat

In 20 Minuten vorbereitet

30 Minuten Kochzeit

Für 4 Personen

grüne Bohnen
350 g

Tomaten
× 4

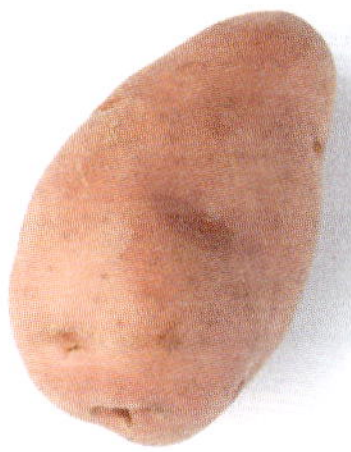

Kartoffeln
× 4

Thunfisch in Öl
300 g

Sucrine-Salat
× 4

Weinessig
4 Esslöffel

- Die Kartoffeln im Dampf 20-30 Minuten garen. Die grünen Bohnen in Salzwasser 5-8 Minuten kochen. In kaltes Wasser geben, abgießen.
- Die Kartoffeln schälen, abkühlen lassen, in Scheiben schneiden, ebenso wie die Tomaten. Blätter vom Sucrine-Salat zupfen.
- Das Öl vom Thunfisch auffangen, mit dem Essig mischen, würzen. Alle Zutaten auf eine Platte geben, mit Essig beträufeln.

# Süßkartoffeln und Blauschimmelkäse

**In 10 Minuten vorbereitet**

**30 Minuten Kochzeit**

**Für 4-6 Personen**

Süßkartoffeln
× 2

reife Avocado
× 2

Rucola
200 g

Olivenöl
4 Esslöffel

Blauschimmelkäse
150 g

○ Den Ofen auf 210 °C vorheizen.

○ Die Süßkartoffeln schälen, in 0,5 cm dicke Scheiben schneiden und halbieren. In einer Schüssel mit dem Olivenöl mischen, salzen und pfeffern. Auf einem Backblech verteilen und für 30 Minuten in den Ofen geben, regelmäßig wenden. Abkühlen lassen.

○ Den Blauschimmelkäse in Streifen, die Avocado in Scheiben schneiden. Alle Zutaten mit dem Rucola mischen.

# Chinakohl und Prinzessbohnen

In 10 Minuten vorbereitet

1,5 Minuten Kochzeit

Für 4 Personen

Chinakohl
8 Blätter

Prinzessbohnen
250 g

gezuckerte Sojasauce
4 Esslöffel

Sesamöl
2 Teelöffel

Zitrone
× ½

- Den Kohl in feine Scheiben schneiden. Die Prinzessbohnen halbieren, dann der Länge nach in feine Scheiben schneiden.
- Salzwasser zum Kochen bringen und die Bohnen 1,5 Min. kochen. In kaltes Wasser geben, abgießen.
- Die Sojasauce, das Sesamöl und den Zitronensaft mischen. Das Gemüse mischen und die Sauce darüberträufeln.

# Grüne Bohnen und Orange

**In 8 Minuten vorbereitet**

**7 Minuten Kochzeit**

**Für 4 Personen**

grüne Bohnen
600 g

Orangen
× 2

Pekannüsse
30 g

Balsamico-Essig
2 Esslöffel

Schalotte
× 1

Nussöl
2 Esslöffel

- Die Bohnen 5-8 Minuten in kochendes Salzwasser geben. Abgießen und kurz in Eiswasser geben.
- Die Orangen schälen, in Scheiben schneiden und halbieren.
- Öl, Essig und fein geschnittene Schalotte mischen. Salzen, pfeffern und über die Bohnen gießen. Orangen hinzugeben, mit gehackten Pekannüssen bestreuen.

# Weiße Bohnen und Tomate

In 15 Minuten vorbereitet

Ohne Kochen

Für 4 Personen

weiße Bohnen aus dem Glas 400 g

Kirschtomaten 250 g

rote Zwiebel × ½

Weinessig 2 Esslöffel

glatte Petersilie 4 Stiele

Olivenöl 3 Esslöffel

- Die Bohnen spülen und abgießen. Die Zwiebel in feine Scheiben schneiden, die Tomaten halbieren und die Petersilie hacken. Essig und Öl mischen, würzen.
- Das ganze Gemüse mischen und die Sauce darübergießen. Umrühren, probieren und abschmecken.

# Gurke und Guacamole

**In 15 Minuten vorbereitet**

**Ohne Kochen**

**Für 4 Personen**

Gurke
× 2

reife Avocados
× 2

Kirschtomaten
100 g

rote Zwiebel
× ½

Limette
× 1

Koriander
½ Bund

- Das Avocadofleisch mit dem Saft der Limette verkneten. Würzen.
- Die Zwiebel in feine Scheiben schneiden, die Tomaten vierteln und die Gurken schälen. Mit einem Julienne-Schäler Nudeln herstellen. Unter die Sauce mischen.
- Mit Tomaten, Zwiebel und Korianderblättern servieren.

# Zucchini, Pesto und Tomate

**In 20 Minuten vorbereitet**

**15 Minuten Kochzeit**

**Für 4 Personen**

Zucchini
× 4

Kirschtomaten
400 g

Knoblauch
2 Zehen

Olivenöl
3 Esslöffel

Pesto
5 Esslöffel

Parmesan
50 g

- Den Ofen auf 190 °C vorheizen. Die halbierten Tomaten mit der Schnittseite nach oben auf ein Backblech legen. Den Knoblauch pressen, mit dem Olivenöl mischen. Auf die Tomaten verteilen, würzen. Für 15 Minuten in den Ofen geben.
- Mit einem Julienne-Schäler Nudeln aus der Zucchini herstellen. In zwei Teilen jeweils 1,5 Minuten abgedeckt in der Mikrowelle garen. Das Wasser abgießen, dann das Pesto hinzugeben. Mit Tomaten und Parmesanhobeln servieren.

# Süßkartoffel

In 7 Minuten vorbereitet

3 Minuten Kochzeit

Für 4-6 Personen

lange Süßkartoffeln
× 2

Erdnussbutter
2 Esslöffel

gezuckerte Sojasauce
5 Esslöffel

Rucola
125 g

große Zitrone
× 1

Schnittlauch
3 Stiele

- Die Süßkartoffeln schälen. Mit einem Julienne-Schäler Nudeln herstellen. In einem Behälter mit Deckel 3 Minuten in der Mikrowelle oder für 2-3 Minuten in Dampf garen. In zwei Teilen garen. Abkühlen lassen.
- Mit der Gabel die Erdnussbutter, den Zitronensaft und die Sojasauce verquirlen und über die Nudeln gießen. Den geschnittenen Lauch und den Rucola darübergeben.

# Butternut-Kürbis und Prinzessbohnen

**In 10 Minuten vorbereitet**

**3 Minuten Kochzeit**

**Für 4 Personen**

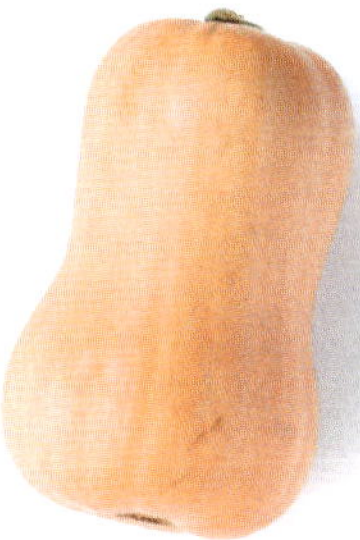

langer Butternut-Kürbis
× 1 (800 g)

Kokosmilch
50 cl

Garam Masala
1 gehäufter Essöffel

Erbsen
200 g (TK)

Ingwer
50 g

Koriander
½ Bund

- Den Kürbis und den Ingwer schälen. Den Ingwer hacken, aus dem Kürbis mit einem Julienne-Schneider Nudeln schneiden.
- In einem Topf die Kokosmilch mit dem Ingwer und dem Garam Masala zum Kochen bringen. Salzen und pfeffern. Die Nudeln hinzufügen und unter Rühren 2 Minuten ziehen lassen. Die Erbsen hinzufügen, abdecken und noch 1 Minute ziehen lassen.
- Von der Kochplatte nehmen, den fein geschnittenen Koriander hinzufügen. Probieren und nach Geschmack würzen.

# Zucchini und gebratene Karotte

**In 7 Minuten vorbereitet**

**8 Minuten Kochzeit**

**Für 4 Personen**

Karotten
× 3

Zucchini
× 1

Knoblauch
3 Zehen

gezuckerte Sojasauce
4 Esslöffel

Tofu
250 g

Sonnenblumenöl
4 Esslöffel

- Das Gemüse schälen. Mit einem Julienne-Schneider Nudeln daraus schneiden.
- Den Knoblauch hacken. Den Tofu abtrocknen und in Würfel schneiden. Öl in einem Topf erhitzen und den Tofu darin goldgelb anbraten. Knoblauch, Karotten und die gezuckerte Sojasauce hinzugeben und großzügig pfeffern. Umrühren und 1-2 Minuten ziehen lassen.
- Die Zucchini dazugeben und 30 Sekunden kochen lassen. Die Nudeln sollen bissfest sein.

# Bo Bun

**In 10 Minuten vorbereitet**

**Ohne Kochen**

**Für 4 Personen**

große Gurke
× 1

Karotten
× 2

Chilisauce
4 Esslöffel

Erdnüsse
2 Teelöffel

Limette
× 1

Minze
3 Stiele

- ○ Die Chilisauce mit dem Saft der Limette mischen. Die Erdnüsse grob hacken.
- ○ Die Karotten und die Gurke schälen. Mit einem Julienne-Schäler Nudeln daraus schneiden.
- ○ Etwas Sauce über die Nudeln gießen, mischen, abschmecken und gegebenenfalls nachwürzen. Gehackte Minzblätter und die Erdnüsse darüberstreuen.

# Was macht man womit?

Die Originalausgabe erschien 2017 unter dem Titel: *Légume Super Facile*

© 2018 Librero IBP (für die deutschsprachige Ausgabe)
Postbus 72, 5330 AB Kerkdriel, Niederlande

© Hachette Livre (Marabout), 2017
Fotografie der Zutaten © Akiko Ida, Charlotte Lascève, Elisa Watson, Richard Boutin,
Valéry Guédès und Pierre Javelle
Hülsenfrucht (Umschlag): Design von veraholera / Freepik

Produktion der deutschsprachigen Ausgabe:
Tanja Timmerman vertaling & redactie
Übersetzung: Judith Muhr
Satz: Elixyz Desk Top Publishing

Printed in Slovenia

ISBN: 978-94-6359-003-7

Alle Rechte vorbehalten. Kein Teil des Werkes darf in irgendeiner Form (durch Fotografie, Mikrofilm oder ein anderes Verfahren) ohne schriftliche Genehmigung des Verlages reproduziert oder unter Verwendung elektronischer Systeme verarbeitet, vervielfältigt oder verbreitet werden.

Bei der Zusammenstellung der Texte und Abbildungen wurde mit größter Sorgfalt vorgegangen. Trotzdem können Fehler nicht vollständig ausgeschlossen werden. Verlag und Autor können für fehlerhafte Angaben und deren Folgen weder juristische noch irgendeine Haftung übernehmen. Für Verbesserungsvorschläge und Hinweise auf Fehler sind Verlag und Autor dankbar.